THÉATRE-BEAUMARCHAIS

APRÈS NOUS LA FIN DU MONDE

PIÈCE DE CARNAVAL EN DEUX ACTES

Par MM. Édouard MONTAGNE et Charles NANTEUIL

MISE EN SCÈNE DE M. BERTHOLLET

Musique de la ronde de M. MARC CHAUTAGNE

Représentée pour la première fois, à Paris, sur le THÉATRE-BEAUMARCHAIS, le 19 février 1860.

PRIX : 60 CENTIMES

Paris

BECK, LIBRAIRE, RUE DES GRANDS-AUGUSTINS, 3

1860

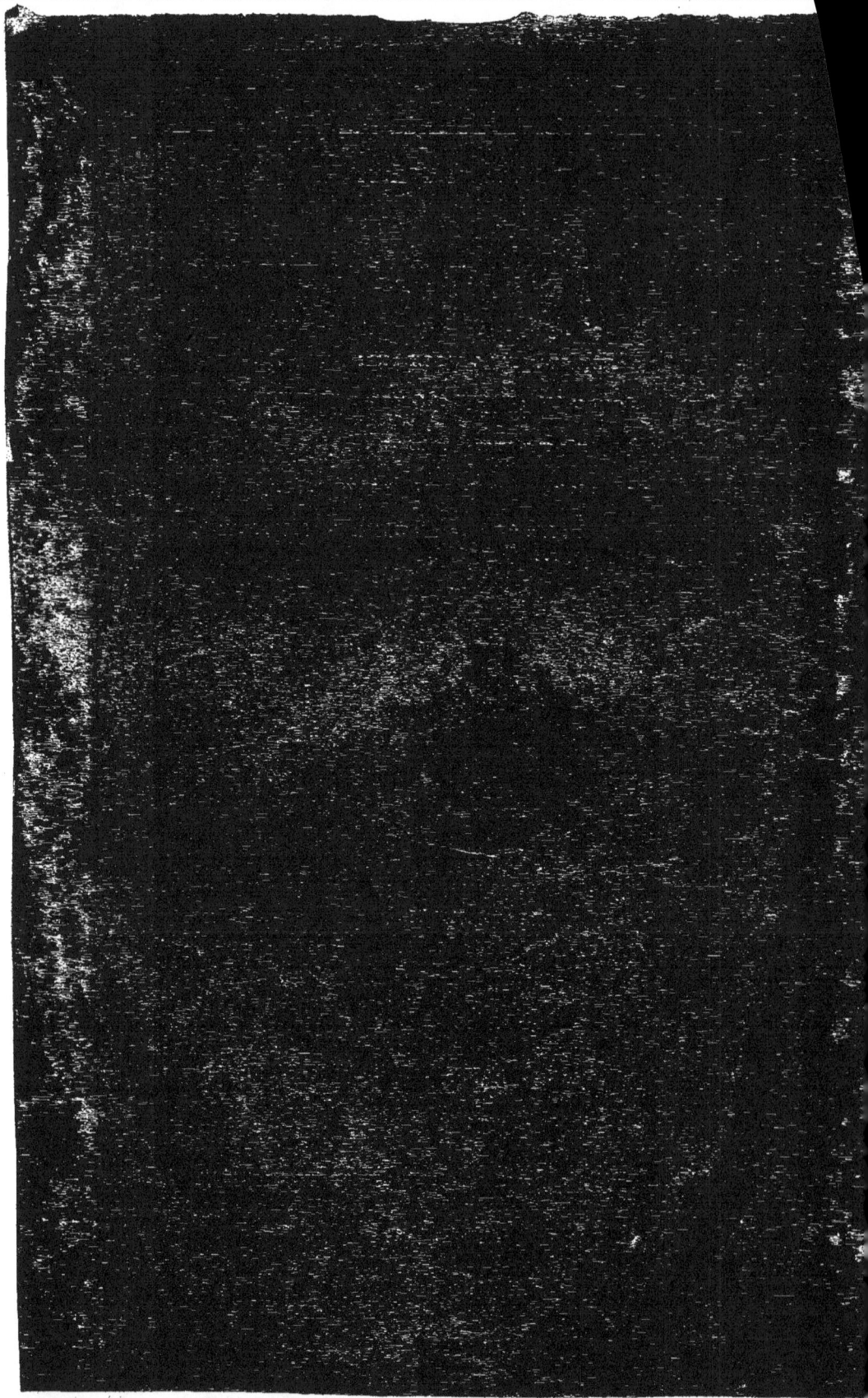

APRÈS NOUS LA FIN DU MONDE

PIÈCE DE CARNAVAL EN DEUX ACTES,

Par MM. ÉDOUARD MONTAGNE et CHARLES NANTEUIL

MISE EN SCÈNE DE M. BERTHOLLET

MUSIQUE DE LA RONDE DE M. MARC CHAUTAGNE

Représentée pour la première fois, à Paris, sur le THÉATRE-BEAUMARCHAIS, le 19 février 1860.

PERSONNAGES :	ACTEURS :
ALCIBIADE, peintre	MM. LÉON NÉRÉE.
PINGOIN, provincial	ALEXIS COLLEUILLE.
FORTOISON, marchand de bœufs	DONATIEN.
POTIN, portier	DAMAS.
DUSANCHOY, ami d'Alcibiade	JOSSELIN.
BARBIZON, idem	JULES.
POLYDORE, idem	VICTOR.
SIDONIE, modèle	Mmes ADÈLE DÉSIRÉE
AZÉMIA, fille de Fortoison	ADRIENNE.
MADAME BLANMINET, femme de ménage	FAILLE.

Le premier acte se passe à Paris; le second, dans une île de la Marne.

Les personnages sont indiqués en tête des scènes dans l'ordre qu'ils occupent au théâtre : le premier à gauche, etc. Les indications sont données au point de vue du spectateur.

ACTE PREMIER.

SCÈNE PREMIÈRE.

SIDONIE, ALCIBIADE.

(Au lever du rideau, Alcibiade, devant son chevalet, peint d'après Sidonie, qui pose, un croissant sur la tête, un arc à la main, une draperie sur l'épaule.)

ALCIBIADE. Arrondissons le bras, et plus d'énergie dans la main.

SIDONIE. De l'énergie, merci! j'ai tout dépensé depuis deux heures que je pose... Assez, n'est-ce pas?

ALCIBIADE. Qu'il soit fait ainsi que vous le désirez, ma déesse.

SIDONIE. Je suis libre?

ALCIBIADE. Comme l'air!

SIDONIE, quittant sa pose et venant voir le tableau. C'est pas malheureux!.. Voyons voir?

ALCIBIADE. Sidonie, ma mignonne, vous écorcherez donc toujours ce beau langage français?

SIDONIE. L'écorcher? Vous me prenez donc pour une bouchère?

ALCIBIADE, à part. Tout au plus pour un être bouché.

SIDONIE, quittant son costume et le déposant sur la table. Tiens! je ne me croyais pas aussi gentille en Diane... Ah! c' monsieur!

ALCIBIADE. Quel monsieur?

SIDONIE. Celui qui sort du bois et porte des cornes. C'est son mari?

ALCIBIADE. C'est Actéon, un chasseur d'autrefois, qui paya cher un instant de curiosité. (Il porte son chevalet et le tableau dans le cabinet de droite.)

SIDONIE, mettant son châle et chapeau. Bah!

ALCIBIADE.

Air :

Ce pauvre chasseur émérite
Surprend Diane sortant du bain;
La déesse aussitôt s'irrite,
Et vous le change en daim, soudain.

De nos jours on n'a plus à craindre
Les déesses...

SIDONIE.

Mais, cependant,
Le nombre des maris à plaindre
S'en va tous les jours en croissant.

ALCIBIADE. Vous partez (1)?

SIDONIE. Avez-vous oublié que c'est aujourd'hui le mardi gras?

ALCIBIADE. C'est ma foi vrai.

SIDONIE. Que nous devons faire ici un déjeuner de canotiers et aller au bal ensuite?

ALCIBIADE. J'avais tout oublié. Au revoir, ma Diane.

SIDONIE. Finissez donc avec vos bêtises.

ALCIBIADE. Comment! vous vous fâchez quand je vous compare à la déesse de la chasteté?

SIDONIE. C'est vrai, vous me donnez des noms... qui m'empêchent d'être reconnue.

ALCIBIADE. Trop juste! Adieu donc, ma nymphe!

SIDONIE. A la bonne heure; on m'a toujours dit que j'étais d'un caractère nymphatique.

ALCIBIADE. Oh! vous êtes ravissante!

SIDONIE. Pas tant de compliments à la clef, j'aimerais mieux du plus solide.

ALCIBIADE. Ame de bronze, va!

SIDONIE. Alcibiade!

ALCIBIADE. Ma sirène?

SIDONIE. Vous remémorez-vous ces paroles bien senties que vous m'adressâtes le premier jour où je consentis à vous servir de modèle?

ALCIBIADE. Parfaitement! Je vous complimentai longuement sur les charmes qui vous caractérisent.

SIDONIE. Puis vous ajoutâtes: « Voilà cinq ans qu'un jury, aussi impitoyable que mal éclairé, refuse à mes chefs-d'œuvre l'entrée du temple de la gloire. »

ALCIBIADE. C'est scrupuleux d'exactitude.

SIDONIE. « Donc! si je voyais un jour ma Diane Chasseresse exposée aux regards de la foule, ce jour serait également le même où M. le maire du 8e arrondissement allumerait devant nous, ô ma Sidonie, le flambeau de l'hyménée. »

ALCIBIADE. Je l'ai dit.

SIDONIE. Et vous le maintenez?

ALCIBIADE. Sans réserve. (A part.) Mon tableau est refusé d'avance.

SIDONIE, lui tendant la main. Vous pouvez imprimer un baiser sur ma peau de chevreau... j'ai des gants.

ALCIBIADE. A bientôt, ma sylphide. (Sidonie sort, reconduite par Alcibiade.)

SCÈNE II.

ALCIBIADE, revenant en scène en se frottant les mains.

La petite croit m'avoir pincé... Allons donc!

Air : *Si jamais je te pince* (MANGEANT).

Oui, de cette belle
Je vois la ficelle,
Elle a l'œil sur moi
Pour que je l'épouse;
Mais elle se blouse,
Et voici pourquoi : (*bis.*)
Si j'ignor' que d' moi l'on abuse,
Qu'est-ce que ça m' fait, je n' le sais pas.
Ell' n' croit pas que d'ell' je m'amuse,
Donc, je ne m'en amuse pas.
V'là mon raisonn'ment en fait d' sentiment,
Il est simple, mais il est concluant.
Oui, de cette belle, etc.

Quelle naïveté pour un modèle! Aller s'ingérer des idées matrimoniales à mon endroit, quand j'ai disposé de ma main en faveur de ma jolie cousine de Lisieux, la fille à mon oncle Fortoison, le plus fort marchand de bœufs de sa localité! Le bonhomme est riche et cancre; il m'accorde volontiers sa fille Azémia, mais dès que j'aurai fait fortune!.. Cette condition, qui me laisse un bien faible espoir, est pourtant à moitié réalisée; car je suis à peu près propriétaire. Mon Dieu, oui!.. j'ai fait l'acquisition, dans une île de la Marne, d'un assez joli lot de terrain, moyennant cinquante mille francs, sur lesquels j'ai payé vingt-cinq francs... le prix de l'enregistrement... j'ai fait des billets pour le reste, à vingt sous par mois, et j'ai déjà trois billets protestés. (On frappe au fond.) Entrez!

SCÈNE III.

ALCIBIADE, POTIN.

POTIN, entrant. Peut-on s'introduire?

ALCIBIADE, assis. Ah! c'est vous, père Potin?

POTIN. Moi-même, Môsieu.

ALCIBIADE. Donnez-vous la peine de vous asseoir.

POTIN, regardant la seule chaise occupée par Alcibiade. Bien honnête!.. mais je ne suis pas fatigué... Nonobstant, je suis gravi vot' escalier pour vous apporter une missive.

ALCIBIADE. Donnez, vénérable portier.

POTIN. C'est six sous, Môsieu.

ALCIBIADE, regardant l'enveloppe. Trente centimes? Elle est pourtant bien noire, elle devrait être affranchie. Ah fichtre! qui l'eût cru? Mon oncle de Lisieux, le papa Fortoison, qui me tombe sur l'occiput.

POTIN. Il arrive! il arrive! il arrive!..

ALCIBIADE, lisant : « Mon neveu, la présente elle nous précédera de quelques heures : nous nous mettons en route, moi-z-et ma fille. »

POTIN. Lui z-et sa fille?

ALCIBIADE, continuant : « Dans l'intention d'aller passer les jours gras à Paris, désireux de voir si ta

(1) Alcibiade, Sidonie.

fortune est faite, et si bientôt je pourrai te nommer mon gendre; avec lequel je suis ton oncle pour la vie... FORTOISON. » (Jetant la lettre de côté.) Et ma femme de ménage qui n'est pas là! Tout ici est dans un désordre...(Voyant entrer madame Blanminet.) Enfin! la voici!

POTIN, à part. Quelle superbe créature!

SCÈNE IV.

ALCIBIADE, MADAME BLANMINET, POTIN.

ALCIBIADE. Arrivez donc, madame Blanminet.

BLANMINET. Voilà, Monsieur, voilà! c'est la fruitière du coin qui m'a-z-attardée; n'a-t-elle pas l'impudeur de me réclamer son angola!

ALCIBIADE. Quel angola?

BLANMINET. Son chat, quoi! qu'elle prétend que Monsieur y aurait-z-emprunté pour lorsqu'il a peint cette superbe enseigne de la crémerie Bréda.

ALCIBIADE. C'est juste! Où diable est-il passé? Vous le chercherez, madame Blanminet, et vous le réintégrerez dans son domicile politique.

BLANMINET. Monsieur peut être tranquille, le quadrupède sera bien accommodé.

ALCIBIADE. Pour l'instant, veuillez procéder à la toilette de mes nombreux appartements, tandis que je vais aviser à la mienne, et vivement.

ENSEMBLE.

Air nouveau de M. BORSSAT.

Veillez avec attention
Qu'ici tout prenne un air de fête;
Moi, je m'en vais à ma toilette
Donner le dernier coup de fion.

(Après le chœur, Alcibiade entre à droite, dans le cabinet.)

SCÈNE V.

MADAME BLANMINET, POTIN, ALCIBIADE, dans le cabinet.

POTIN, regardant Blanminet, à part. Seul avec elle! Tais-toi, mon cœur!

BLANMINET, soupirant. Ah! Dieu! réduite à faire des ménages, moi, Athénaïs Blanminet, née Crakouska!

POTIN, à part. Quelle est belle, cette fâme! (Haut.) Fûtes-vous Crakouska?

BLANMINET. Je la fus... Polonaise d'origine...

ALCIBIADE, dans le cabinet. Madame Blanminet, mes bottes vernies?

BLANMINET, passant (1). Elles sont chez le savetier de la rue Quincampoix. (Continuant.) Polonaise d'origine...

ALCIBIADE. Quand reviendront-elles?

BLANMINET, tranquillement. Zut! (Continuant.). Polonaise d'origine: j'avais épousé le portier d'un général hongrois, mort à la Bérésina, en 1527, lorsque, complétement veuf, quoique Auvergnat, cet homme ne put survivre au déshonneur de son nom, qui figura plus tard dans les annales de la conjuration d'Amboise. Il me laissa veuve, à mon tour, mais à la tête d'une fortune colossale, amassée dans le commerce des tiges de bottes et le perfectionnement des beesteacles à la mécanique. Je le pleurai jusqu'au jour où, m'en étant allée au marché de la rue de Sèvres, dans l'intention d'acheter quelques légumes pour mon pot-z-au-feu, j'aveins mon porte-monnaie, dans lequel j'avais glissé huit cent mille francs en pièces de quatre sous... Hélas!

POTIN. Achevez!

BLANMINET. Tout mon or avait disparu!

POTIN. Mon Dieu!

BLANMINET. Et dès lors je fus obligée de vendre un mobilier tout neuf, en bois de senteur, et d'épousseter ceux des autres.

POTIN. C'est poignant! Vous le voyez, je pleure... Ah! si vous vouliez, superbe créature, l'un par l'autre nous pourrions...

BLANMINET. Achevez.

POTIN. Nous pourrions nous consoler.

BLANMINET. Arthur! vous me forcez à rougir.

ALCIBIADE, dans le cabinet. Madame Blanminet, mon habit noir?

BLANMINET. Chez la tante à Monsieur.

ALCIBIADE. Comment, chez ma tante! elle est morte.

BLANMINET. Chez l'autre.

ALCIBIADE. Ah! je sais.

BLANMINET, à Potin. Vous disiez donc?

POTIN. Je disais que ce soir, un petit souper...

BLANMINET. Arrêtez, Arthur!.. Est-ce pour le bon motif?

POTIN. Toujours!

BLANMINET. Alors, je vous dois un aveu: sachez-le donc, Potin, mais dès l'instant que je vous ai vu, un feu brûlant a dévoré mon âme, et hier au soir, à la tombée de la nuit, le chat de la fruitière, l'angola qu'elle réclame, enveloppé soigneusement dans mon tabellier, pour étouffer ses cris, a disparu de la maison.

POTIN. Veuve Blanminet, vous me faites frémir!

BLANMINET. Arthur, c'est une vengeance... J'ai toujours accusé la fruitière de m'avoir soulevé mon porte-monnaie.

POTIN. Je n'ai plus de scrupules... Allez.

BLANMINET. L'angola mijote chez moi, en compagnie de petits oignons. Potin, j'ai deviné vos goûts. (Avec passion.) Potin, tu dois aimer les chatteries?

POTIN. Je les idole, Athénaïs, avec un peu d'échalotes.

BLANMINET. En ce cas, écoute, et retiens bien mes paroles: J'ai parmi mes clients un jène homme qui possède un chalet dans l'île aux Loups, sur la Marne... ce jène homme est en voillage, et je-z-y ai chipé la clef de son habitation... Viens-y ce

(1) Potin, Blanminet.

soir, Potin; c'est là, loin du monde, que nous célébrerons le souper de nos fiançailles.

POTIN. Tu-z-y apporteras le civet?

BLANMINET. Je le-z-y porterai.

POTIN. C'est convenu.

SCÈNE VI.

ALCIBIADE, MADAME BLANMINET, POTIN.

ALCIBIADE, *tout en blanc*. Madame Blanminet, tout est dans un désordre infernal. Je suis fort mécontent de vous.

BLANMINET. Se peut-il, Monsieur? (*Bas, à Potin.*) Je m'en bats l'œil!

POTIN, *bas, à madame Blanminet*. Ne le contrariez pas, il attend du monde, je vas vous conter ça.

ALCIBIADE. Allez, vous pouvez vous retirer.

BLANMINET. C'est bon, Monsieur, on s'en va! (*Cris dans la coulisse.*) Ohé! du Cormoran, ohé, houp!

ALCIBIADE. J'entends mes invités.

POTIN. Cré nom! la bande à Monsieur! Filons! (*Madame Blanminet et Potin sortent par le fond, pendant le chœur qui suit.*)

SCÈNE VII.

POLYDORE, BARBIZON, ALCIBIADE, SIDONIE, DUSANCHOY. *Ils sont tous habillés en canotiers. — Sidonie est en mousse.*

CHŒUR.

Air nouveau de M. BORSSAT.

Joyeux marins, chantons toujours
Et moquons-nous de la rafale,
Quand nous avons à fond de cale
Et la jeunesse et les amours.

BARBIZON. Y sommes-nous?

POLYDORE. Le ciel est beau...

DUSANCHOY. La mer est belle...

SIDONIE. Et la brise, embaumée.

TOUS, *remontant, excepté Alcibiade*. Partons!

ALCIBIADE. Partir! ah ouiche! il est bien question de cela, ma foi! nous sommes en panne.

TOUS, *redescendant*. En panne!

ALCIBIADE. Notre partie de canot est tombée dans l'eau.

TOUS. Et pourquoi?

ALCIBIADE. Ah! mes enfants, il me tombe...

TOUS. Du ciel?

ALCIBIADE. Non! il me tombe de Lisieux un oncle sur les bras.

TOUS. Un oncle!

DUSANCHOY. Que le portier lui dise que tu es mort hier.

POLYDORE. Écris-lui plutôt qu'on t'enterre aujourd'hui.

ALCIBIADE. Insensés! il y va du bonheur de tout mon existence.

BARBIZON. Diable! ça devient grave... Narre, mon ami, narre.

ALCIBIADE. Mon oncle est possesseur d'une fille et d'une fortune toutes deux fort respectables, il veut me les faire épouser l'une et l'autre.

SIDONIE, *le pinçant*. Vous dites?

ALCIBIADE, *à part*. Aïe! j'oubliais Sidonie... (*Haut.*) Cela ne se fera pas, Sidonie.

SIDONIE, *remontant au fond*. C'est bien comme cela que je l'entends.

ALCIBIADE, *bas, aux autres*. Cela ne se fera pas, hélas! parce que mon oncle me croit riche, et qu'au contraire...

TOUS. Compris.

BARBIZON. En attendant, si nous déjeunions, hein?

ALCIBIADE. Déjeunons, soit, mais passons incontinent au dessert: je n'ai pas autre chose à vous offrir.

SIDONIE, *redescendant à la place qu'elle occupait*. Et quel est ce dessert?

ALCIBIADE. Vous savez tous que, l'an passé, j'ai fait, avec le plus fécond de nos romanciers, le voyage du Caucase, et comme au retour nous traversions l'Orient, j'ai rapporté...

SIDONIE. Des sardines?

ALCIBIADE. Comment, des sardines!

SIDONIE. Dame! je connais la chanson. (*Chantant.*) « Allons à Lorient, pêcher la sardine. »

TOUS, *achevant*. « Allons à Lorient, pêcher du hareng. »

ALCIBIADE. Sidonie, vous êtes...

SIDONIE, *levant la main*. Hein?

ALCIBIADE, *achevant*. Charmante! (*Continuant.*) Ce que j'ai rapporté de l'Orient, c'est la plus précieuse des plantes.

TOUS. La plus précieuse!

SIDONIE. C'est la plante des pieds, parbleu!

ALCIBIADE. Sidonie! vous me portez sur les nerfs! Non, cette plante, dont je possède une assez volumineuse cargaison, n'est autre que le hatchisch.

TOUS, *éternuant*. Atchi!

ALCIBIADE. Dieu vous bénisse!

SIDONIE. A quoi c' qu'elle sert, votre plante?

ALCIBIADE. A quoi elle sert? à procurer un engourdissement factice, tout en vous tenant éveillé. Avec cette plante singulière, vous parcourez en imagination les mondes et les temps, rêvant aux plus bizarres comme aux plus réjouissantes aventures. Pour vous, l'univers n'est plus qu'une immense féerie dans laquelle vous remplissez le rôle du génie tout-puissant.

SIDONIE. Et vous voulez nous faire manger de ça?

ALCIBIADE. Certainement.

SIDONIE. Merci! ce n'est pas assez nourrissant.

ALCIBIADE. Quelle femme prosaïque! Sidonie, vous ne serez jamais qu'une...

SIDONIE, levant la main. Hein?

ALCIBIADE. Ravissante créature! Silence! on monte! (Tous remontent.)

SIDONIE. Qui ça peut-il être?

ALCIBIADE, qui a été regarder. Parbleu! des touches impossibles! des allures provinciales! c'est ma famille qui débarque.

TOUS. Que faire? (Ils redescendent.)

ALCIBIADE. Est-ce que je sais, moi! Avant tout, il faut me laisser le champ libre. Entrez dans ce cabinet, et soyez à la réplique... si je la trouve.

Air du *Banquet des Barbettes.*

Trouvant la vie couleur de roses,
Peut-être qu'un jour nous verrons
La plus surprenante des choses:
Nos poches pleines de doublons.

SIDONIE.

Moi, voilà ma philosophie:
On doit toujours, sans dévier,
Savoir naviguer dans la vie,
Surtout quand on est canotier.
Mais un beau jour, si la fortune
Nous honorait de ses bienfaits,
Joyeux, sans lui garder rancune,
A la bien fêter, soyons prêts!

REPRISE EN CHŒUR.

Trouvant la vie couleur de roses, etc.

(A la fin du chœur les jeunes gens et Sidonie entrent à gauche.)

SCÈNE VIII.

ALCIBIADE, FORTOISON, AZÉMIA, puis PINGOIN.

FORTOISON, suivi d'Azémia. Monsieur Alcibiade, s'il vous plaît?

ALCIBIADE. Mon oncle!

FORTOISON. C'est lui!

AZÉMIA. Mon cousin (1)! (Elle court embrasser Alcibiade.)

ALCIBIADE. Ce cher oncle! cette bonne Azémia! Venir ainsi me surprendre, quelle heureuse idée!

FORTOISON. C'est ce que je disais à ma fille, à mon Azémia chérie: Nous allons surprendre ton cousin, ça lui fera plaisir, à c' gars!

ALCIBIADE. Ces chers parents! (A part.) La peste les étouffe!

FORTOISON. Eh bien! où donc est Pingoin?

ALCIBIADE. Pingoin! Vous avez amené Pingoin?

AZÉMIA. Sans doute! il n'a jamais vu Paris.

FORTOISON, allant au fond. Eh! Pingoin!

PINGOIN, répondant. M'n onque!

FORTOISON. Par ici, donc!

PINGOIN, paraissant (2). Voilà, m'n onque!

(1) Alcibiade, Azémia, Fortoison.
(2) Azémia, Alcibiade, Fontoison, Pingoin.

FORTOISON. Où diable étais-tu passé?

PINGOIN. J'avais monté deux étages de trop, m'n onque.

FORTOISON. Je te présente ton cousin Alcibiade.

PINGOIN, allant à Alcibiade. Bonjour, cousin. Ça va bien, cousin? Voulez-vous me permettre de vous embrasser?

ALCIBIADE. Non; merci, cousin. Ça n'est pas de mode à Paris; on se donne la main.

PINGOIN, étonné. Ah!

FORTOISON. Çà, parlons peu, mais parlons bien, mes enfants. Nous voici réunis, causons de nos affaires. (A Alcibiade.) Tu dois avoir reçu ma lettre?

ALCIBIADE. Oui, mon oncle, oui.

FORTOISON. Parfait! tu peux répondre alors. Es-tu riche?

ALCIBIADE. Si je suis riche, mon oncle? C'est à ce point que je ne connais pas toute ma fortune.

FORTOISON. Parfait! parfait! ma fille en est ravie.

AZÉMIA, à Alcibiade. Figurez-vous, mon cousin, que Pingoin me fait la cour aussi, mais ça m'aurait trop coûté de l'épouser.

PINGOIN. A cause donc, cousine?

AZÉMIA. A cause que vous n'êtes pas beau, et puis papa dit que vous êtes si bête!

PINGOIN. J'ai fait cent lieues pour m'entendre dire des choses pareilles.

FORTOISON (1), prenant Azémia à part, et mystérieusement. Rassure-toi, mon enfant: Pingoin ne peut être ton époux, pour des motifs qu'i me convient de te celer.

AZÉMIA. Bah!

FORTOISON. Chut!

ALCIBIADE, à Fortoison. Ainsi, mon oncle, rien désormais ne met obstacle à mon mariage?

FORTOISON. Rien, absolument rien; et dès que tu m'auras montré tes titres de rentes...

ALCIBIADE, à part. Aïe!

FORTOISON. Ou tes maisons... ou tes champs... enfin tes propriétés, le reste marchera comme sur des petites roulettes.

ALCIBIADE, à part. Voici le Rubicon... comment le franchir?

FORTOISON. Eh bien! tu te consultes? tu hésites?.. Alcibiade, ne serais-tu qu'un être panné, très-panné?

ALCIBIADE, à part. Que lui dire!

FORTOISON. Rien!

PINGOIN, qui sort d'examiner le mobilier. Au fait, m'n onque, je trouve que si le cousin est riche, son appartement est bien rafalé.

AZÉMIA. Répondez donc, mon cousin!

ALCIBIADE, allant à Azémia (2). Si, charmante Azémia, je suis riche et puissant. (A Fortoison.) Oui, mes ap-

(1) Azémia, Fortoison, Alcibiade, Pingoin.
(2) Pingoin, Azémia, Alcibiade, Fortoison.

partements sont râpés, rafalés, usés, pannés et détériorés; mais qu'est-ce que l'appartement d'un homme qui s'apprête à le quitter pour un lointain voyage?

FORTOISON. Un lointain voyage? tu vas partir?

AZÉMIA. Quitter Paris?

ALCIBIADE. Oui, mon oncle, oui, ma cousine. (*A part.*) J'ai trouvé ma bourde. (*Haut.*) Je pars aujourd'hui même.

FORTOISON. Pour où?

AZÉMIA. Pour où?

PINGOIN. Pour où?

ALCIBIADE. Pour l'Amérique! C'est là que, poussé par l'unique ambition de faire fortune et de mériter ainsi la main de votre fille, j'ai placé tous mes capitaux, en achetant à prix réduit de vastes déserts improductifs.

FORTOISON. De vastes déserts! Mais à quoi peut aboutir ta spéculation?

ALCIBIADE. Il le demande! Depuis quelques années, mon oncle, les Parisiens ne rêvent plus que maisons de campagne, pied-à-terre, villas et bastides... j'ai partagé mes terrains en plusieurs lots, et je les vends dans le commerce, aux boutiquiers qui veulent aller passer le dimanche aux champs.

FORTOISON. En Amérique?

ALCIBIADE. Oui, mon oncle.

FORTOISON. C'est impossible!

PINGOIN. C'est impossible!

ALCIBIADE. Impossible, dites-vous? Est-ce que quelque chose est impossible à l'homme avec la vapeur? J'ai fait gréer un immense bâtiment, le *Gratte externe*, qui fait la traversée en vingt-quatre heures.

FORTOISON. Mon neveu, je ne donne pas dans le godan, tu veux induire ton oncle.

ALCIBIADE. Vous doutez de ma parole? Eh bien, je veux vous convaincre, venez avec moi visiter le Nouveau-Monde, et vous verrez de vos propres yeux...

FORTOISON. Mon neveu, prends garde... je pourrais te confondre.

ALCIBIADE. Je maintiens mon assertion.

FORTOISON, *passant* (1). Nous verrons bien! Azémia... Pingoin... nous partons pour l'Amérique.

AZÉMIA ET PINGOIN. Pour l'Amérique?

FORTOISON. Et si tu as abusé des cheveux blancs de ton oncle... malheur à toi!

ALCIBIADE. Je suis alors parfaitement rassuré... Permettez-moi, maintenant, de vous présenter les matelots de mon équipage.

FORTOISON, *à part.* Est-ce que le drôle aurait dit la vérité?

ALCIBIADE, *ouvrant la porte à gauche.* Paraissez, mes enfants!

(1) Pingoin, Azémia, Fortoison, Alcibiade.

SCÈNE IX.

PINGOIN, AZÉMIA, FORTOISON, *à droite;* ALCIBIADE, *au milieu;* POLYDORE, BARBIZON, DUSANCHOY, SIDONIE, *à gauche.*

CHŒUR.

Air: *Au théâtre on nous attend* (SI JAMAIS JE TE PINCE).

LES CANOTIERS.

Faut-il pour le Sénégal
Partir? Faites le signal.
Faut-il, avec vent en poupe,
Cingler sur Madagascar,
Ou bien sur la Guadeloupe?
Nous voilà tous parés, car
Nous n'attendons qu'un signal
Pour aller au Sénégal.

ALCIBIADE. Mes amis, permettez-moi de vous présenter mon oncle Fortoison, ma cousine Azémia et mon cousin Pingoin. (*Saluts réciproques à chaque présentation.*) Ces chers parents veulent bien partager avec nous les dangers de la traversée, et nous suivre sur la terre étrangère.

DUSANCHOY, *bas.* Y songes-tu? l'Amérique est trop loin.

ALCIBIADE, *de même.* Bêta! Je les conduis tout simplement dans notre île de la Marne, à trois lieues de Paris.

DUSANCHOY. Mais, pauvre ami, tes parents auront bientôt reconnu la supercherie.

ALCIBIADE. S'ils étaient à jeun, oui; mais...

DUSANCHOY. Tu veux les griser?

ALCIBIADE. Fi donc! Seconde-moi, tu vas voir! (*Haut.*) Dans une heure nous mettons à la voile; mais pour nous donner du courage et rafraîchir vos palais en feu, je vous offre de goûter de la liqueur des Iles.

TOUS. Oui, oui. (*Ils s'emparent de bouteilles et de verres* (1).

AZÉMIA. De la liqueur des Iles? ce doit être bien bon!

SIDONIE, *à part.* Que va-t-il faire?

ALCIBIADE, *qui vient de verser sans être vu quelques gouttes de hatchisch dans les verres de Fortoison, d'Azémia et de Pingoin.* Oh! mon précieux hatchisch! je me place sous votre protection!

SIDONIE, *qui vient d'observer, à part.* Je devine! Ah! mon cher Alcibiade! vous voulez épouser votre petite cousine!... c'est ce que nous verrons. (*S'approchant de Pingoin.*) Jeune homme!...

PINGOIN, *à part.* Oh! le joli matelot, on dirait d'une femme.

SIDONIE. Ce costume recouvre une bonne fille qui s'intéresse à vous. Vous aimez la jeune Azémia?

PINGOIN. Elle est si riche!

SIDONIE. Vous seriez aise de l'épouser?

(1) Fortoison, Azémia, Alcibiade, Pingoin, Sidonie, les canotiers au fond.

PINGOIN. Elle est si riche!

SIDONIE. Gardez-vous, alors, de boire dans la coupe que va vous offrir Alcibiade.

PINGOIN. A cause?

SIDONIE. Je vous le dirai tout à l'heure.

ALCIBIADE. Allons, Messieurs, buvons.

TOUS. Buvons! (Chacun prend son verre.)

ALCIBIADE, désignant Sidonie. Et le joli petit mousse va nous donner un échantillon de sa jolie voix.

SIDONIE. Ça va! Vive la gaieté, morbleu! Après nous la fin du monde!

TOUS. Après nous la fin du monde (1)!

Air nouveau de M. MARC-CHAUTAGNE.

Rions, aimons,
Chantons, buvons,
En ce monde,
A la ronde,
On se bronde.
Rions, aimons,
Chantons, buvons,
Après nous la fin du monde.
Du carnaval, c'est la saison,
Espérons que l'heure suprême
Ne sonnera son carillon
Pour nous qu'après la mi-carême (*bis*).
Puisque, par un heureux destin,
Aujourd'hui chez nous tout abonde,
Apaisons d'abord notre faim,
Car après nous la fin du monde.
Rions, aimons, etc.
De nos parents, bons vieux barbus,
On vante la parcimonie;
S'ils ont entassé leurs écus,
Nous au moins dépensons la vie.
Oui, le plaisir, roi souverain,
Veut qu'à son appel on réponde :
Fêtons l'amour, chantons le vin,
Car après nous la fin du monde.
Rions, aimons, etc.
Entendez-vous? c'est le clairon
Qui retentit à la frontière.
A la voix sourde du canon
Devons-nous rester en arrière?
L'ennemi vient en nous bravant,
Qu'à son défi chacun réponde :
Pour le pays, tous en avant!
Car après nous la fin du monde.
Rions, aimons etc.

ALCIBIADE, élevant, le sien. A notre heureux voyage!

TOUS. A notre heureux voyage! (Tous boivent, excepté Pingoin.)

PINGOIN, à part. Elle m'a dit de ne pas boire. Je m'étais toujours douté que mon cousin nous empoisonnerait. (Il jette le contenu de son verre.)

ALCIBIADE. Bon nanan, ça, mes enfants.

FORTOISON. Excellent.

AZÉMIA. Délicieux! Encore un verre.

(1) Fortoison, Azémia, Alcibiade, Sidonie, Dusanchoy, Polydore, Barbizon, Pingoin.

FORTOISON. Je redouble aussi.

PINGOIN, à part. Oh! les malheureux! Et ne pouvoir les avertir!

ALCIBIADE. Tu n'en veux plus, Pingoin?

PINGOIN. Non, merci, cousin... j'en ai ma suffisance. (A part.) Oh! l'infâme!

FORTOISON. C'est singulier!

TOUS. Quoi donc?

PINGOIN, à part. Voilà que ça commence, il va tourner de l'œil.

FORTOISON, à Alcibiade. Il me semble que je vois ta propriété.

ALCIBIADE, à part. L'effet se produit.

FORTOISON. C'est une île, n'est-ce pas?

ALCIBIADE. L'île de Tomboucola.

FORTOISON. Oh! que c'est joli! c'est immense et luxueux.

AZÉMIA. Ah! je vais m'envoler, je suis plus légère que la brise, il me pousse des ailes; soutenue par les zéphyrs, il me semble que mes pieds peuvent exécuter les pas les plus gracieux. (Elle danse le cancan.)

PINGOIN, à part. Ils agonisent! Oh! les malheureux! les malheureux!

ALCIBIADE, bas, à ses amis. Nous le tenons; à présent, entraînez-les jusqu'au canot, dans un instant je vous rejoins.

TOUS. Compris.

ALCIBIADE. Le temps de passer un caban.

CHŒUR.

Air nouveau de M. BORSSAT.

Partons, partons, pour ce charmant voyage,
Procurons-nous ce plaisir impromptu;
Partons gaîment, sans craindre le naufrage,
Nous allons voir un pays inconnu!

(A la fin du chœur, les jeunes gens entraînent Fortoison et Azémia, qui commettent mille extravagances. Alcibiade entre dans le cabinet de gauche.)

SCÈNE X.

PINGOIN, SIDONIE, ALCIBIADE, dans le cabinet.

PINGOIN. Je suis resté, ô femme superbe, pour ouïr le secret dont vous voulez m'entretenir.

SIDONIE. Ce secret n'est pas long à dévoiler... sachez donc...

ALCIBIADE, passant la tête. Sidonie et Pingoin? Que disent-ils? (Il rentre.)

SIDONIE. Sachez donc qu'Alcibiade est gueux comme un rat, et que c'est pour mieux tromper son oncle qu'il a employé des plantes qui rendent fou pour le restant de la vie... voilà pourquoi je vous ai prévenu; c'est à vous, qui n'avez rien bu, de déjouer ses ficelles. Bon vent!

PINGOIN. Oh! la canaille!

SIDONIE, près de la porte. Maintenant, Alcibiade, à deux de jeu! (Elle sort par le fond.)

SCÈNE XI.

PINGOIN, puis ALCIBIADE.

PINGOIN. Le gueux! le scélérat! le gredin! (Voyant entrer Alcibiade.) Le v'là! mes cheveux se hérissent.

ALCIBIADE. Eh bien, cousin! tu n'es pas encore parti?

PINGOIN. Non, cousin, point encore, point encore!

ALCIBIADE. Allons, viens.

PINGOIN, à part. Il veut me faire aller aussi, l'intrigant! (Haut.) Non, cousin, merci, je reste ici, moi... je ne vais point en Amérique, moi.

ALCIBIADE. Ah! et pourquoi?

PINGOIN. Pourquoi? Eh ben, ma foi, je vais te le dire, puisque tu veux le savoir.

ALCIBIADE. J'en serai charmé.

PINGOIN. C'est parce que, moi, je ne suis pas bête comme les autres, et que je n'ai pas donné dans le panneau.

ALCIBIADE. Vraiment?

PINGOIN. Je n'ai pas bu de vos drogues, moi; j'ai toute ma raison, moi; et je peux vous dire face à face, moi, que vous n'êtes qu'un intrigant, vous, qui périra sur l'échafaud... V'lan!

ALCIBIADE. Comment, cousin, tu n'as pas bu, comme les autres, de cette bonne liqueur?

PINGOIN. Mais non!

ALCIBIADE. Il fallait donc le dire!

PINGOIN. Mais je ne fais que ça. (Voyant Alcibiade verser dans un verre quelques gouttes de hatchisch. A part.) Qu'est-ce qu'il veut faire? est-ce qu'il va boire aussi?

ALCIBIADE, lui présentant le verre. Cousin, voilà la plus forte dose qu'on puisse prendre... Bois!

PINGOIN, riant aux éclats. Ah! elle est bonne, celle-là!... je la trouve bonne! Ah! non, par exemple! pas si bête! (Voyant Alcibiade fouiller dans sa poche. A part.) Qu'est-ce qu'il cherche encore? Cet être-là me fait frémir.

ALCIBIADE, lui présentant un pistolet. Bois vite, ou je te brûle la cervelle.

PINGOIN. La cervelle! mais je n'en ai qu'une, cousin... mon bon cousin!

ALCIBIADE. Bois, ou je tire!

PINGOIN. Ah! je suis mort! si j'en réchappe, j'aurai de la chance. (Prenant le verre.) Vous le voulez absolument? (Alcibiade menace de tirer.) Je bois! je bois! (Il porte le verre à ses lèvres, regarde Alcibiade et boit en faisant force grimaces.)

ALCIBIADE. A présent que tu as bu, cher Pingoin, je te prie d'observer que mon pistolet n'a pas de chien.

PINGOIN. Je m'en avais douté! Ah! bon! bien! sapristi!

ALCIBIADE. Quoi donc?

PINGOIN. Je viens de tomber dans le tuyau de ma pipe, j'ai cent pieds d'eau sur la tête. Nom d'un chien! je nage dans un océan de mélasse!

SCÈNE XII.

LES MÊMES, LES CANOTIERS.

CHŒUR.

Partons, partons pour ce charmant voyage,
Procurons-nous ce plaisir impromptu;
Partons gaîment, sans craindre le naufrage,
Nous allons voir un pays inconnu.

ALCIBIADE. Allons-y, maintenant. En avant la gaudriole, et après nous la fin du monde.

REPRISE DU CHŒUR.

(Les canotiers enlèvent Pingoin, qui se débat.)

FIN DU PREMIER ACTE.

ACTE DEUXIÈME

Un site au bord de la Marne. — A droite, un chalet; un arbre praticable auprès. — Deux buissons à droite et à gauche du théâtre; un banc près de chaque buisson.

SCÈNE PREMIÈRE.

MADAME BLANMINET, en femme sauvage et portant une peau de lion sous le bras; POTIN, en ours.

POTIN, portant une marmite. Allons, Athénaïs, soyons hommes!

BLANMINET. Je ne puis plus souffler.

POTIN. Pourquoi diable aussi m'avoir entraîné dans cette île, où nous devions trouver un abri?

BLANMINET. Est-ce ma faute, à moi, si le nombre des chalets est devenu si considérable, que je n'ai pu mettre la main sur celui de mon pensionnaire. Vous avez toujours la marmite?

POTIN. Et le civet dedans, mais il est gelé.

BLANMINET. Ramassons des broussailles, nous y mettrons le feu et nous ferons réchauffer le lapin.

POTIN. Athénaïs, ce feu réchauffera nos amours, venez!

BLANMINET. Le temps de trouver un endroit où je puisse déposer cette peau de lion, qui m'obstrue.

POTIN. Pourquoi l'avoir apportée? moi j'étouffe dans la mienne.

BLANMINET. Faites comme moi, ôtez-la.

POTIN. C'est que je n'ai qu'un simple caleçon.

BLANMINET. Bah! nous sommes seuls, et quoique veuve d'un ancien militaire, ma pudeur ne sera point alarmée.

POTIN. Je cède à ce raisonnement et je fais comme

le serpent... je change de peau. (Il qiutte sa peau, qu'il roule.)

BLANMINET, avisant un fourré. Je fourre la mienne dans ce fourré.

POTIN. Moi dans celui-ci.

BLANMINET. Pauvres costumes! auraient-ils fait sensation au bal de Nogent, où nous devions achever la nuit!... Enfin! prenons le temps comme il vient, et souvenons-nous de Robinson.

POTIN. Robinson crut Zoé, moi, je vous crois, Athénaïs, et je deviens votre Vendredi.

BLANMINET. Vous êtes bien maigre!

POTIN. Qu'importe un vendredi maigre, s'il vous reste un mardi gras.

CHŒUR.

Air nouveau de M. BORSSAT.

Cherchons dans les bois d'alentour;
L'appétit me gagne et m'excite.
Oui, je sens que les feux d'amour
Ne font pas bouillir la marmite.

(Ils sortent par la gauche, deuxième plan, emportant la marmite.)

SCÈNE II.

POLYDORE, BARBIZON, SIDONIE, DUSANCHOY, puis ALCIBIADE.

(A peine Athénaïs et Potin sont-ils sortis, que les jeunes gens font irruption costumés en sauvages, et munis, l'un d'un tambour de basque, l'autre d'une guitare et le troisième d'un mirliton. Sidonie seule est en mousse et porte un fusil de chasse sur l'épaule. Ils arrivent par le fond, à gauche.)

BARBIZON. Ohé! du bachot, ohé!

TOUS, répondant. Ohé! houp!

BARBIZON. Par ici, les sauvages! Nous sommes au terme du voyage.

ALCIBIADE, entrant consterné. Ah! mes amis! quelle catastrophe imprévue!

TOUS. Quoi donc?

ALCIBIADE. Mes pauvres parents!..

TOUS. Eh bien?

ALCIBIADE.

Air des *Dames de la halle.*

Ils sont tombés dans la rivière,
Dieu! quel horrible événement!

TOUS.

Ment, ment, ment.

ALCIBIADE.

Je passerai ma vie entière
A déplorer cet accident.

TOUS.

Dent, dent, dent.

ALCIBIADE.

Je venais de sauter à terre,
Lorsque Pingoin, à sa manière,
Navigue en véritable oison
Et les plonge dans le bouillon.
Ah! quel horrible melon!
Quel crétin! quel cornichon!
Je n'ai r'pêché que c'te jarr'tière
Qui flottait comme un' bannière
Tout le long, le long de la rivière.

TOUS.

Il n'a r'pêché, etc.

POLYDORE. Peut-être est-il temps encore!..

ALCIBIADE. Inutile! Nous n'avons plus qu'un devoir à remplir, c'est de chercher leurs dépouilles sur la plage déserte, afin de leur donner la sépulture.

BARBIZON. Il est gentil, ton carnaval!

SIDONIE, à part. Au fait, me voilà sans rivale! Mais je ne puis m'empêcher de verser un pleur sur ce pauvre jeune homme qui m'avait fait de l'œil. (Avec sentiment.) Il était si bête!

ALCIBIADE. Venez, mes amis.

TOUS.

REPRISE DU CHŒUR.

Il n'a r'pêché qu'un' jarr'tière, etc.

(Ils sortent par la gauche, au fond.)

SCÈNE III.

PINGOIN, FORTOISON, AZÉMIA.

(Tous trois sont ruisselants d'eau. Ils arrivent par le fond, à droite.)

FORTOISON.

Air précédent.

Comm' les naufragés d' la Méduse
Nous sommes trempés jusqu'aux os.

TOUS.

Zo, zo, zo.

FORTOISON, désignant Pingoin.

C'est la faute de cette buse
Dont j'ai, grâce au ciel, plein le dos.

TOUS.

Dos, dos, dos.

PINGOIN.

Nononque, vous êtes sévère,
Ne vous mettez pas en colère,
Car vous étant lavé soudain,
Vous épargnez les frais d'un bain.

FORTOISON.

Quel cuistre! quel cantalou!

PINGOIN, à part.

Quel vieux cancre! quel grigou!

FORTOISON.

J'étouffe, et dans ma colère,
Si j' n'écoutais qu' mon caractère,
Je t'appliquerais un châtiment sévère.

REPRISE DU CHŒUR.

Il étouffe, et dans sa colère, etc.

PINGOIN. C'est égal, m'n onque, nous l'avons échappé belle.

FORTOISON. Tais-toi! tu me fais bouillir.

PINGOIN. Alors, ça vous fera sécher.

FORTOISON. C'est ma faute, aussi, j'ai poussé les choses trop loin... jusqu'en Amérique; mais je voulais confondre Alcibiade... Ses récits me faisaient l'effet d'une craque.

AZÉMIA. Mon cousin n'est pas capable de mentir.

FORTOISON. Enfin, nous sommes tombés dans une île déserte, après avoir essuyé toutes les horreurs d'une traversée dangereuse... Je n'ai pas cessé d'avoir le mal de mer.

AZÉMIA. Et moi aussi.

PINGOIN. Oh! ma cousine! vous si vertueuse!

FORTOISON, lui lançant un coup de pied. Pingoin, je trouve vos facéties déplacées.

PINGOIN. Oh! m'n onque, les vôtres le sont encore davantage.

FORTOISON. Songeons à l'avenir... Cette île doit recéler une population que je rêve hospitalière. Allons à sa découverte et faisons en sorte de nous ressuyer. (Il remonte.)

AZÉMIA, à Pingoin (1). Si nous pouvions aussi retrouver mon cousin.

PINGOIN. C'est le moindre de mes soucis. (Azémia remonte.)

FORTOISON, qui vient de découvrir la peau d'ours. Oh!

PINGOIN. Hein?

FORTOISON. Rien! (A part.) Une peau d'ours!

PINGOIN, qui vient d'apercevoir la peau de lion. Ah!

FORTOISON. Hein?

PINGOIN. Rien! (A part.) Une peau de lion!

FORTOISON, à part. Sans doute l'animal qui l'occupait se sera laissé dévorer par les fourmis.

PINGOIN, à part. Bien certainement les oiseaux de proie en auront dévoré les chairs.

FORTOISON, à part. Essayons de nous en emparer à l'insu de Pingoin. Je sécherai là-dedans tout à mon aise.

PINGOIN, à part. Faisons en sorte de me l'approprier sans que mon oncle la voie... Ces peaux-là sont très-chaudes.

FORTOISON. Viens-tu, Pingoin?

PINGOIN, s'asseyant à gauche. Non, m'n onque, je reste ici, moi; je vas vous attendre tout tranquillement.

FORTOISON. A ton aise! Azémia, suis les pas de ton père. (Fortoison profite de l'instant où Pingoin tourne le dos pour s'emparer de la fourrure, et se sauve, suivi d'Azémia.)

SCÈNE IV.

PINGOIN, seul.

Les voilà partis! Vite à ma peau! (Il s'empare à son tour de la fourrure et s'en couvre.) Est-ce heureux que j'aie trouvé cette fourrure qui m'abritera du froid, tandis que m'n onque gèle et grelotte. Si maintenant j'avais quelque nourriture à placer sous mes mollaires, je n'hésiterais pas à me comparer au mortel le plus heureux! (S'admirant dans sa peau.) Elle me gante à merveille. (Ramassant la tête.) Jusqu'à la tête qui s'adapte à la mienne. Oh! la, la! l'estomac!.. Décidément j'ai la fringale... Ma foi, tant pis, j'ai vu tout à l'heure des fruits rouges dans une haie, je vais en croquer quelques-uns. (Il sort par la gauche, deuxième plan.)

(1) Pingoin, Azémia, Fortoison.

SCÈNE V.

FORTOISON, puis POLYDORE, BARBIZON, DUSANCHOY.

FORTOISON, en ours, entrent par le fond, à droite. Je viens, après m'être infiltré dans cette peau, je viens, dis-je, de laisser Azémia auprès d'un bon feu que j'ai trouvé tout allumé dans une hutte; mais où diable est Pingoin! L'animal est peut-être allé faire l'école buissonnière. (Il sort en cherchant par la droite, deuxième plan.)

POLYDORE, entrant par le fond, à gauche. Rien!

BARBIZON, de même. Rien!

DUSANCHOY, de même. Rien! Pas plus d'oncle que sur la main.

POLYDORE. Les infortunés passent en ce moment le Styx. (En ce moment, Fortoison entre à reculons dans sa peau d'ours.)

BARBIZON. Grand Dieu!

TOUS. Quoi donc?

BARBIZON. Nous sommes frits!

DUSANCHOY. A cause?

BARBIZON, montrant Fortoison. Un ours!

FORTOISON, qui s'est retourné fort effrayé. Des sauvages! c'en est fait de moi!

BARBIZON. Si nous pouvions décamper!

DUSANCHOY. Fi donc! Messieurs, cet ours ne peut venir que de quelque ménagerie, n'attendons pas qu'il nous donne la patte et donnons-lui la chasse.

BARBIZON. Nous avons des arcs et des flèches.

POLYDORE. Et l'on prétend que les belfteacles d'ours sont très-délicats.

FORTOISON. Je les crois animés d'intentions hostiles! Si je pouvais me la casser habilement! (Il fait un mouvement.)

DUSANCHOY. Du courage, morbleu! je commence l'attaque. (Fortoison tourne le dos. Dusanchoy l'ajuste et tire; sa flèche va se planter dans le derrière de l'ours.)

FORTOISON, poussant un cri terrible. Aïe! (Il se sauve.)

POLYDORE. Il se sauve!

BARBIZON. Le lâche!

DUSANCHOY. Poursuivons-le jusque dans sa tanière.

TOUS. Sus à l'ours! (Ils sortent à la poursuite de Fortoison. — Dusanchoy a laissé tomber sa guitare en fuyant.)

SCÈNE VI.

SIDONIE, puis PINGOIN.

SIDONIE, venant du fond, à gauche, son fusil sur l'épaule. Personne! j'avais cru pourtant entendre un cri de détresse. (Elle va pour sortir, quand Pingoin rentre et se dresse devant elle. Il est toujours en lion.)

SIDONIE, poussant un cri. Ah!

PINGOIN, bondissant. Ah!

SIDONIE. Un lion!

PINGOIN. Un fusil! Je suis fricassé.

SIDONIE. Du courage et de la présence d'esprit!

PINGOIN. Que veut-il faire?

SIDONIE, l'ajustant. Je vais lui brûler la cervelle.

PINGOIN, tombant à genoux. Grâce! grâce!

SIDONIE. Qu'entends-je! une bête qui parle?

PINGOIN, enlevant sa tête de carton. Je suis une bête, c'est vrai, mais je suis un homme aussi.

SIDONIE. Un homme? Faites voir! (Elle s'approche de Pingoin, qu'elle reconnaît, et pousse un nouveau cri.) Le cousin d'Alcibiade!

PINGOIN. La beauté dont je suis épris!

SIDONIE. Vous n'êtes donc pas mort?

PINGOIN. Non. Et vous?

SIDONIE. Comment! malgré mes conseils, vous vous êtes laissé prendre au piége d'Alcibiade?

PINGOIN, soupirant. Ah! c'est une bien grande canaille!

SIDONIE, déposant son fusil près du chalet. En sorte qu'à présent il travaille à vous enlever la belle Azémia.

PINGOIN. Tant mieux! qu'il l'épouse.

SIDONIE. Est-ce bien vous qui parlez ainsi, vous qui brûliez d'obtenir sa main!

PINGOIN. Oui, je brûlais, mais alors je n'avais pas pris un bain froid qui m'a transi; mais alors je n'avais point miré mon œil dans votre œil; alors je n'avais point éprouvé l'étincelle de votre prunelle.

SIDONIE. Eh bien, jeune homme! vous vous allumez.

PINGOIN. Je suis très-inflammable.

SIDONIE. Mais moi, Monsieur, j' suis très-sage.

PINGOIN. Sidonie, je vous agace pour le bon motif.

SIDONIE. Farceur!

PINGOIN. Vous êtes la pierre à fusil dont l'étincelle a jailli sur l'amadou de mon cœur. Voulez-vous devenir ma moitié?

SIDONIE. Pour de bon?

PINGOIN. Mêlons nos deux existences.

SIDONIE. Et si j'y consens, me rendrez-vous bien heureuse?

PINGOIN. Si tu seras heureuse! ah Dieu!

Air de *Coucouli* (MANGEANT).

Si j'étais ton mari,
Tu verrais, mon bibi,
Mon ivresse
Égaler ma tendresse;
Si j'étais ton mari,
Tu verrais, mon bibi,
Que je suis un époux
Peu jaloux.
Doux, indolent de caractère,
Dans ma maison tu peux entrer,
Car je veux que ma ménagère
Ait les droits qu'on peut désirer:
Le droit de souffrir et se taire,
Comme on l'a dit, sans murmurer.

CHŒUR.

Si j'étais ton mari, etc.
S'il était mon mari, etc.

Même air.

SIDONIE.

Mon sort sera digne d'envie,
Et je vois que, jusqu'au trépas,
Vous voulez embellir la vie
De celle qui vous tend les bras;
Mais j' vous conduirai, je parie,
Par un ch'min qu' vous n' connaissez pas.

CHŒUR.

S'il était mon mari, etc.
Si j'étais ton mari, etc.

PINGOIN. Acceptez-vous?

SIDONIE. J'accepte!

PINGOIN. Ah Dieu! ah Dieu! la parole me manque!

SIDONIE. C'est d'amour?

PINGOIN. D'amour et de sécheresse... J'ai la pépie.

SIDONIE. Que ne le disiez-vous! J'ai dans ce chalet tout ce qu'il faut pour vous réconforter... Suivez-moi!

PINGOIN. Désormais, je ne vous quitte plus. Le lierre et l'ormeau!

SIDONIE. Venez...

REPRISE EN CHŒUR.

Si j'étais ton mari, etc.

(Sidonie et Pingoin entrent dans le chalet.)

SCÈNE VII.

FORTOISON, en ours; puis POLYDORE, BARBIZON, DUSANCHOY; puis PINGOIN, en lion.

FORTOISON, arrivant haletant, le train de derrière tout hérissé de flèches barbelées. Dépistés! je les ai dépistés! Ce n'est pas sans peine; mais je crains, hélas! d'être privé du plaisir de m'asseoir pour le restant de mes jours... Quelle existence, bon Dieu! (On entend du bruit.) Du bruit encore! Si c'étaient les sauvages! (Allant au fond.) Ce sont eux! Que devenir? (Comme inspiré en voyant ouverte la porte par laquelle sont sortis Pingoin et Sidonie.) Ah! cette maison! (Il entre à la hâte en refermant la porte sur lui.)

BARBIZON, paraissant. Il est entré là!

DUSANCHOY. Enfonçons la porte.

TOUS. A la rescousse! (Ils vont à la porte du chalet, qu'ils tentent d'enfoncer.)

DUSANCHOY. Il faudra bien qu'elle cède! (La porte s'ouvre, et Pingoin paraît.)

TOUS. Un lion! Sauve qui peut! (Ils se sauvent par le fond, à droite.)

SCÈNE VIII.

FORTOISON, PINGOIN.

PINGOIN, atterré. Des sauvages! Cette île en serait-elle peuplée!.. (Il descend la scène.)

FORTOISON, sortant de la maison. Les chasseurs doivent s'être éloignés... fuyons! (Il court et va se jeter sur Pingoin, qui se disposait à rentrer.)

PINGOIN. Un ours!

FORTOISON. Un lion!

PINGOIN. C'est le coup de grâce!

FORTOISON. Je n'ai plus qu'à réciter mes prières.

PINGOIN. Si pourtant je pouvais battre en retraite.

FORTOISON. La fuite est ma seule chance de salut. (Ils remontent à pas de loup et se rencontrent au fond. Ils reculent épouvantés.)

PINGOIN. C'est dit! il en veut à ma peau.

FORTOISON, qui vient de heurter la guitare laissée par Dusanchoy. Quelle idée! (Ramassant la guitare.) Le ciel, en plaçant cette guitare sur ma route, a semblé me rappeler tout le produit qu'autrefois Orphée sut tirer de la musique dans un cas analogue. Je vais tâcher d'attendrir ce quadrupède.

PINGOIN, qui a suivi le jeu de scène de Fortoison. Qu'est-ce qu'il fait donc?.. il se passe une guitare en bandoulière!

FORTOISON, à part. O Rossini, viens à mon aide! (A part.)

Air de *Salterello*.

O principes de la musique,
Inspirez-moi, guidez mon bras,
Puissiez-vous, par un jeu magique,
Me préserver d'un prompt trépas!

(Il se met à danser.)

PINGOIN, à part.

Que vois-je! il danse! oh! quel prodige!
Un pas réglé! quel est ce pas?
N'importe, mon salut exige
Qu' je l'imite dans ce cas.

(Il danse aussi.)

FORTOISON, à part.

Bravo! ma danse a fait miracle,
Le lion arrondit les bras,
Sa taille se cambre, il renâcle
Et commet quelques entrechats.

PINGOIN.

S'il croit pourtant que ça m'amuse,
Il a grand tort, car je suis las,
Et je crains bien, malgré ma ruse,
De fair' les frais de son repas.

FORTOISON.

Il est grand temps que ça finisse,
Car je suis horriblement gras,
Je souffle comme une génisse
Qui va paître dans un haras.

PINGOIN.

La situation se complique,
L'animal ne s'en ira pas.
Il faut prendre un parti stoïque,
Afin de sortir de ce pas.

(Il s'arrête.)

FORTOISON.

Il s'arrête! Allons, la musique
N'aura pas su guider mon bras;
C'est dit, malgré mon jeu magique,
Je suis bien prêt de mon trépas.

(Il s'arrête aussi. La musique continue en sourdine jusqu'au coup de feu.)

FORTOISON. Pourtant, on dirait qu'il veut fuir.

PINGOIN, qui s'est approché du chalet. Le seul parti qui me reste à prendre... c'est de lui caler une balle dans la tête. (Il prend le fusil.)

FORTOISON, voyant Pingoin l'ajuster. Ah! c'est moi qui suis la cible! (Pingoin fait feu. — Le fusil, trop fortement chargé, recule sans que la balle ait atteint Fortoison, et c'est lui, Pingoin, qui tombe à la renverse en poussant un cri étouffé.)

FORTOISON. Ah! saprelotte! ah! sapristi! l'infortuné s'est brûlé la cervelle! (Il se sauve par la droite, deuxième plan.)

SCÈNE IX.

PINGOIN, évanoui; SIDONIE, BARBIZON, DUSANCHOY et POLYDORE.

CHŒUR.

Air nouveau de M. Borssat.

Ah! c'est vraiment épouvantable!
Quel accident
Est survenu subitement!
Un coup de fusil formidable
A retenti.
Chacun de nous est abruti.

POLYDORE. Pourquoi tout ce tapage?

SIDONIE. Au moment où je sortais du pavillon, ce jeune homme est tombé sans connaissance.

BARBIZON. Je ne vois qu'un lion.

SIDONIE. C'est Pingoin.

POLYDORE. Pingoin, que l'on croyait trépassé ?

SIDONIE. Lui-même.

BARBIZON. Qui donc alors s'est fait son meurtrier ?

SIDONIE. Je n'ai vu qu'un ours démesuré qui s'est enfui.

DUSANCHOY. De quel côté ?

SIDONIE. Par là.

DUSANCHOY. C'est l'animal que nous poursuivons... En chasse !

TOUS. En chasse !

SIDONIE.

Air : *Ton, ton, tontaine, ton, tan.*

Courons sus à la grosse bête
Qui désole tout ce canton.

TOUS.

Ton, ton, ton, ton, tontaine, ton, ton.

DUSANCHOY.

Je veux me faire avec sa tête
Un très-beau bonnet de coton.

TOUS.

Ton, ton, tontaine, ton, ton.

(Les jeunes gens sortent par le fond, à droite.)

SCÈNE X.

PINGOIN, MADAME BLANMINET, accourant par le fond, à gauche.

BLANMINET. Quel vacarme ! Cette île est donc visitée par le diable ? (Apercevant Pingoin évanoui.) Un homme blessé, mort peut-être ! (Elle s'approche et le palpe.) Il respire encore... essayons de le ranimer.

PINGOIN, revenant à lui. Ah ! c'est toi, mon ange ? Tu viens me secourir ?

BLANMINET. Son ange ! Il m'appelle son ange !

PINGOIN. Ta blanche main vient cicatriser mes blessures. Oh ! mais, elles se fermeront, va, sous tes chauds baisers !

BLANMINET, à part. Ah ! le malheureux ! il a le coco fêlé ! (Haut.) Vous me prenez pour une autre, jeune homme ; je suis la veuve Blanminet.

PINGOIN, l'envisageant. Dieu ! l'horreur !

BLANMINET. Enfin ! il m'a reconnue ! (L'aidant à se relever et le conduisant jusqu'au banc.) Asseyez-vous ici, vous serez mieux qu'à terre.

PINGOIN, lamentable. Ah !..

BLANMINET. Vous manquez d'air... écartez au moins cette peau dans laquelle vous étouffez !.. Ciel ! une couenne de lard sur le mamelon gauche ! je m'affaisse !.. (Elle tombe évanouie dans les bras de Pingoin.)

PINGOIN. Bon ! chacun son tour ! la vieille me fond dans les bras.

SCÈNE XI.

LES MÊMES, POTIN, puis FORTOISON, POLYDORE, DUSANCHOY, BARBIZON et SIDONIE.

POTIN, entrant par le fond, à gauche. Grand Dieu ! ma bien-aimée dans les bras d'un lion qui la dévore ! je m'aplatis ! (Il tombe évanoui sur le banc à droite.)

FORTOISON, entrant précipitamment par le fond, à droite. Je suis à bout de vent, et les sauvages sont sur mes pas ! Comment leur échapper ? Ah ! cet arbre ! (Il monte vivement à l'arbre. — A ce moment, Sidonie, Barbizon, Polydore et Dusanchoy surgissent par le fond.)

CHŒUR.

Air :

Le monstre redoutable
Vient de nous échapper ;
Où donc ce misérable
A-t-il pu se cacher ?

PINGOIN. A moi ! au secours ! je n'en puis plus !

SIDONIE, courant à Pingoin (1). Pingoin ressuscité !

PINGOIN. Enlevez-moi ce fardeau ; j'ai cinq cents kilos sur les bras.

POTIN. A moi ! au secours !

DUSANCHOY ET BARBIZON. Encore un ! (Ils courent à Potin.)

SIDONIE. Mais c'est un champ de bataille, que cette île ! on ne voit que des blessés.

FORTOISON, dans l'arbre. Que se passe-t-il donc ?

SIDONIE, à Blanminet, qui sort de son évanouissement. Eh bien, la grosse mère, ça va mieux ?

BLANMINET. Ce n'est rien ! la joie ! l'émotion !.. Je l'ai retrouvé.

SIDONIE. Qui ça ?

BLANMINET. Mon fils.

SIDONIE. Où prenez-vous votre fils ?

BLANMINET, désignant Pingoin. C'est lui, ce jeune homme !

PINGOIN. Pas de plaisanteries désagréables, s'il vous plaît !

BLANMINET. J'en ai la preuve. Tu portes une couenne de lard sur le mamelon gauche.

FORTOISON, dans l'arbre. Ah ! je m'évanouis ! (Il dégringole de l'arbre et roule jusque sur le devant de la scène (2).

BLANMINET. Cette voix ! (Reconnaissant Fortoison.) Alfred ! mon ravisseur !

TOUS. Son ravisseur !

POTIN. Et moi qui la croyais pure !

PINGOIN, passant (3). Comment, mon oncle, c'est vous que je retrouve dans une peau d'ours ?

(1) Polydore, Blanminet, dans les bras de Pingoin ; Sidonie, Fortoison, dans l'arbre ; à gauche, Dusanchoy, Potin, Barbizon.

(2) Polydore, Pingoin, Blanminet, Fortoison, Sidoine, Dusanchoy, Potin, Barbizon.

(3) Polydore, Blanminet, Pingoin, Fortoison, Sidonie, Dusanchoy, Potin, Barbizon.

FORTOISON. Je ne suis pas ton oncle, mais ton père.

PINGOIN. C'est invraisemblable.

FORTOISON. Donc c'est vrai.

PINGOIN. Je demande la clef.

FORTOISON. Que veux-tu que je dise! J'étais jeune, Athénaïs aussi, l'herbe était tendre, les baricots en fleur... Tu demandais la clef, voilà la clef...

PINGOIN. Ce récit embrouillé cache un mystère... n'importe, ouvrez-moi vos bras.

FORTOISON. Viens-y!

PINGOIN, se jetant dans ceux de Sidonie. Merci (1)!

SIDONIE. Heureux jeune homme! vous avez retrouvé vos auteurs, mais moi...

PINGOIN. Vous manquez de cet ornement?

SIDONIE. En dépit d'un signe que je porte sur le bras.

POTIN. Un signe? sur le bras?

SIDONIE. Un léger tatouage! deux tire-pieds en croix!

POTIN. Les armes de ma famille! Dans mes bras! sur mon cœur!

SIDONIE. Pourquoi faire?

POTIN. Pour embrasser ton père.

TOUS. Son père!

FORTOISON. Ah çà! nous ne sommes pas en Amérique, nous sommes au mont-de-piété, bureau des reconnaissances.

PINGOIN. Mais alors, papa, Azémia n'est plus ma cousine.

FORTOISON. Azémia! Tu m'y fais penser : qu'est-elle devenue?

SCÈNE XII.

LES MÊMES, ALCIBIADE, AZÉMIA (2).

ALCIBIADE. La voici, mon oncle; v'là vot' fille que j' vous ramène...

FORTOISON, à Alcibiade. Arrive ici, polisson! Dis-moi tout de suite où tu prends l'Amérique.

ALCIBIADE. C'était une plaisanterie, mon oncle; j'aime Azémia; je craignais de la voir appartenir à un autre, de là toutes les tribulations, que je regrette, auxquelles je vous ai soumis un peu malgré moi.

FORTOISON. Alors, malgré moi, je te refuse la main de ma fille.

AZÉMIA. Ah! papa, si vous me refusez à mon cousin, je me péris!

FORTOISON. Tu le veux?

AZÉMIA. Dame! je l'aime.

FORTOISON, faisant passer Alcibiade. Mariez-vous, alors, et flanquez-moi la paix. (Alcibiade et Azémia remontent au fond.)

PINGOIN. Papa, je vous présente une bru.

FORTOISON. Tu quoque?

PINGOIN. Moi, quoque.

FORTOISON. Épousez-vous!

SIDONIE. Quel bonheur! (Elle remonte au fond, avec Pingoin.)

BLANMINET, à Fortoison. Alfred! ces hymens ne vous disent-ils rien?

FORTOISON. Si. (Mettant la main de Blanminet dans celle de Potin.) Je vous unis, je vous bénis, et que tout soit fini.

ALCIBIADE. Et maintenant, à Paris! C'est l'instant, le vrai moment; allons voir défiler les masques.

FORTOISON. Pas avant d'avoir entonné un dernier flon flon.

VAUDEVILLE FINAL.

Air des *Carrières Montmartre.*

ALCIBIADE.

On a refondu les sons.
Cette mesure unique
Rendra maintenant l'air doux
Aux marchands d' vins en courroux;
Car malgré les coups,
On voyait les soûls
Rouler dans leur boutique.

POLYDORE.

L'avarice est, sans mentir,
Le plus horrible vice,
Et si l'on veut s'en guérir,
Il faut bien vite courir
Chez Leperdriel
Qui, par naturel,
Fait passer la varice.

BARBIZON.

Tout le temps du carnaval,
Que d' plaisir on peut prendre;
Mais vient un moment fatal,
La nuit du mardi final.
Quand par la gaîté
On est bien monté,
Faut l' mercredi descendre.

AZÉMIA.

Mon costume est tout choisi
Pour entrer en ménage,
Tant s'en faut qu'il soit flétri,
Car je veux, à mon mari,
Comme il n'est pas veuf,
Lui montrer du neuf
Le jour de mon mariage.

DUSANCHOY.

Je pince dans un couloir
Une femme assez blême,
Je fus giflé par devoir,
Mais je m' dis sans désespoir:
Au moins, je suis sûr,
Si son cœur est dur,
Que l' restant n'est pas d' même.

(1) Polydore, Blanminet, Fortoison, Pingoin, Sidonie, Dusanchoy, Potin, Barbizon.

(2) Polydore, Blanminet, Azémia, Fortoison, Alcibiade, Pingoin, Sidonie, Dusanchoy, Potin, Barbizon.

BLANMINET.

Dans les bals masqués, dit-on,
Par un projet fantasque,
On cach' son nez, par bon ton,
Sous un morceau de carton,
Moi, j'ai mon époux
Qui me sert de loup:
Ce n'est pas un beau masque.

POTIN.

Sortant d'ach'ter un elbeuf,
Que j'avais pris au Temple,
J' disais, puisqu'on fait, corbœuf!
Avec du vieux du tout neuf,
Pour tous les faiseurs,
Qu'on appelle auteurs,
On d'vrait él'ver un temple.

PINGOIN.

L'amant d' la girafe a fait
A l'éléphant d' la peine;
Pourtant son méfait était
Bien léger, car il avait,
Pendant qu'elle ôtait
Son léger corset,
Regardé la baleine.

FORTOISON.

L'Alboni, ce rossignol
Qu'on cite pour modèle
Possède un filet de sol
Plus doux que celui d' Guignol,
Et son chant délié
Me laisse extasié
D'vant un morceau d' chant d'elle.

SIDONIE.

Nos auteurs sont gens de goût,
La musiqu' les amuse,
Si l'accord parfait leur plaît,
Ils ont un mépris complet
Pour un flageolet,
Nommé galoubet,
Quand l' public en abuse.

FIN.

LAGNY. — Typographie de A. VARIGAULT et Cie.

EN VENTE CHEZ LE MÊME ÉDITEUR.

[illegible] 75
[illegible] 60
La Jeunesse de Charles-Quint. 60
Le Vicomte de [illegible] 60
Les Fées de Paris. 60
Pour mon fils. 60
Lucienne. 60
Les jolies Filles de Sulberg. 60
L'Enfant de Chœur. 60
Le Grand Palatin. 60
La [illegible] 60
Les Circonstances [illegible] 60
La Chasse aux Vautours. 60
Les Batignollaises. 60
Une [illegible] sur les Scènes. 60
Les Aides de Camp. 60
Le Mari à Poissy. 60
Chez un Garçon. 60
Jokei's-Club. 60
Mérovée. 60
Les deux Compagnons. 60
Au Croissant d'Argent. 60
Le Château de la Roche-[illegible] 60
Mon [illegible] 60
Talma en congé. 60
L'Omelette Fantastique. »
Le Drogman. 60
La Sœur de la Reine. 60
La Vendetta. 60
Le Poète. 60
Les Informations Conjugales. 60
Le Loup dans la Bergerie. 60
L'Hôtel de Rambouillet. 60
Les deux Impératrices. 60
La Caisse d'Épargne. 60
Thomas le Rageur. 60
Derrière l'Alcôve. 60
La Villa Duflot. 60
Paroline. 60
La Femme à la Mode. 60
Les égarements d'une Canne et d'un Parapluie. 60
Les deux Anes. 60
Foliquet, coiffeur de Dames. 60
L'Anneau d'Argent. 60
Recette contre l'Embonpoint. 60
Don Pascale. 60
Mademoiselle Déjazet au Sérail. 60
Tamboula le Cruel. 60
Bernance. 60
Les Canuts. 60
Entre Ciel et Terre. 60
La Fille de Figaro. 60
Maître et Grenouille. 60
Angélique et Médor. 60
Inès. 60
Journée en Famille. 60
L'autre Part du Diable. 60
La Chasse aux belles Filles. 60
La Salle d'Armes. 60
Une Femme compromise. 60
Palmann. 60
Madame Roland. 60
L'Esclave du Camoëns. 60
Les Réparations. 60
Mariage du Gamin de Paris. 60
Veille du Mariage. 60
Paris bloqué. 60
Un Ménage Parisien. 1 »
La Bonbonnière. 60
Adrien. 60
Pierre le Millionnaire. 60
Carlo et Carlin. 60
Le Moyen le plus sûr. 60
Le Papillon Jaune et Bleu. 60
La Polka en province. 60
Une Séparation. 60
Le roi Dagobert. 60
Frère Galfâtre. 60
Nicaise à Paris. 60
Le Troubadour-Omnibus. 60
Un Mystère. 60
Le Billet de faire part. 60
Pulcinella. 60
Fiorina. 60
La Sainte-Cécile. 60
Paulette. 60
Fille à Marier. 60

Un Ange tutélaire. 60
Un Jour de Liberté. 60
Wallace. 60
L'Écolier d'Oxford. 60
L'Oiseau du Bocage. 60
Paris à tous les Diables. 60
Une Averse. 60
Madame de Cérigny. 60
Le Fiacre et le Parapluie. 60
Macaleum [illegible] 60
Liberté [illegible] 60
L'Île de [illegible] 60
Mimi Pinson. 60
L'Article 170. 60
Les Viveurs. 60
Les [illegible] 60
Seigneur des Broussailles. 60
Deux Tambours. 60
Constant la Girouette. 60
L'Amour dans tous les Quartiers de Paris. 60
Madame Mazolin. 60
Petit Poucet. 60
Camoëns. 60
Escadron volant de la Reine. 60
Le Lansquenet. 60
Une Voix. 60
Agnès Bernau. 60
Amours de M. et Mme Denis. 60
Porthos. 60
La Pêche aux Beaux-Pères. 60
Révolte des Marmousets. 60
Le Troisième Mari. 60
Un premier Souper de Louis XV. 60
L'Homme à la Mode. 60
Une Confidence. 60
Le Meurtrier. 60
L'Almanach des 25,000 Adresses. 60
Une Histoire de Voleurs. 60
Les Murs ont des Oreilles. 60
L'Enseignement [illegible] 60
La Charbonnière. 60
La Cada des [illegible] 60
On demande des [illegible] 60
Le Pot aux Roses. 60
La [illegible] Bouquets. 60
L'Ennemi de [illegible] 60
Brèche d'Amour. 60
La Comédie de Morangès. 60
L'Amazone. 60
La Gloire et le Pot-au-Feu. 60
Les Pommes de terre malades. 60
Le Marchand de Marrons. 60
V'là ce qui vient d'paraître. 60
La Loi salique. 60
Nuage au Ciel. 60
L'Eau et le Feu. 60
Beaugaillard. 60
Mardi Gras. 60
La Retour du Conscrit. 60
Le Mari perdu. 60
Dieux de l'Olympe à Paris. 60
Le Carillon de Saint-Mandé. 60
Geneviève. 60
Mademoiselle ma Femme. 60
Mal du Pays. 60
Mort civilement. 60
Garde-Malade. 1 »
Fruit défendu. 60
Un Cœur de Grand'Mère. 60
Nouvelle Clarisse Harlowe. 60
Place Ventadour. 60
Nicolas Poulet. 60
Roch et Luc. 60
La Protégée sans le savoir. 60
Une Fille Terrible. 60
La Planète à Paris. 60
L'Homme qui se cherche. 60
Maître Jean. 60
Ne touchez pas à la Reine. 1 »
Une année à Paris. 60
Irène ou le Magnétisme. 60
Amour et Biberon. 60
En Carnaval. 60
Bal et Bastringue. 60
Un Bouillon d'onze heures. 60
Cour de Biberack. 60
D'Aranda. 60
Femme qui se jette par la fenêtre. 60

Avocat Pédicure. 60
Trois Paysans. 60
Chasse aux Jobards. 60
Mademoiselle [illegible] 60
Père d'occasion. 60
Croquignole. 60
Renaudin de Caen. 60
Le Chevalier de Saint-[illegible] 60
Malheureux comme un Nègre. 60
Un [illegible] 60
Secours contre l'Incendie. 60
Chapeau Gris. 60
Sans Dot. 60
La Syrène du Luxembourg. 60
Homme Sanguin. 60
La Fille obéissante. 60
Fantale. 60
Deux Loups de Mer. 60
Olnea. 60
La Croisée de Berthe. 60
La Pillarde [illegible] 60
Les Charpentiers. 60
Mademoiselle Barbebas. 60
Un Cheveu blond. 60
Les Impressions de Voyage. 60
L'Homme aux 100 Millions. 60
Pierret Posthume. 60
Le Dérangé. 60
Une Existence décolorée. 60
Elle... ou la Mort. 60
Didier l'Honnête Homme. 60
L'Enfant de quelqu'un. 60
Les Chroniques Bretonnes. 60
Haydée ou le Secret. 60
L'Art de ne pas donner d'Étrennes. 60
Le Puff. 60
La Tireuse de Cartes. 60
La Nuit de Noël. 60
Christophe le Cordier. 60
La Rose [illegible] 60
Les Barricades de 1648. 60
Le Revenant [illegible] 60
La Fille du Matelot. 60
Les deux Pommiers. 60
La Femme Blasée. 60
Les Filles de la Lavande. 60
Hercule Belhomme. 60
Don Quichotte. 60
L'Académicien de Pontoise. 1 »
Ah! Enfin! 60
La Marquise d'Aubray. 60
Le Gentilhomme [illegible] 60
Les Parents. 60
Le Chevalier de [illegible] 60
Le Gentilhomme de 1847. 60
La Ram[illegible] 60
L'Ange de ma Tante. 60
La République de Platon. 60
Le Club des Maris. 60
Oscar XXVIII. 60
Une Chaîne Anglaise. 60
Un Petit de la Mobile. 60
Histoire de rire. 60
Les vingt sous de Pericnette. 60
Le Serpent de la Paroisse. 60
Agénor le Dangereux. 60
Roger Bontemps. 60
L'Été de la Saint-Martin. 60
Jeanne la Rousse. 60
Les suites d'un Bal d'Artistes. 60
O Amitié!... ou les trois Époques. 60
La Propriété, c'est le Vol. 60
La Poule aux Œufs d'Or. 60
Élèves ensemble. 60
L'Hôtellerie de Genève. 60
À bas la Famille ou les Banquets. 60
Daniel. 1 »
Le Voyage de Nannette. 60
Titus à la Cour. 60
Le baron de Castel-Sarrazin. 60
Madame Marneffe. 60
Un Gendre aux Épinards. 60
Madame veuve Larifla. 60
La Reine d'Yvetot. 60
Les Manchettes d'un Vilain. 60
Le Duel aux Mauviettes. 60
Les Filles du Docteur. 60
Un Turc mis dans une porte. 60
Les Grenouilles qui demandent un Roi. 60

Ce qui manque aux Grisettes. 60
La Poésie des Amours et... 60
Les Viveurs de la Maison-d'Or. 60
Un Troupier dans les Cabinets. 60
La Tabatière. 60
[illegible] 60
E. H. 60
Trompe-la-Balle. 60
Un Vendredi. 60
Le [illegible] du Roi. 60
Bréda-Street. 60
Adrienne Lecouvreur. 1 »
Sans le Vouloir. 60
Les Femmes sanglantes. 60
Le Mobilier de Bamboche. 60
Les Beautés de la Cour. 60
La Famille. 60
L'Hurluberlu. 60
Un Cheveu pour deux têtes. 60
L'Âne à Baptiste. 60
Les Prodigalités de Bernerette. 60
Les Bourgeois des Métiers. 60
La Graine de Mousquetaire. 60
Les Faubourgs de Paris. 60
La Montagne qui accouche. 60
Le Juif-Errant. 60
Adrienne de Carotteville. 60
Un Seigneur de Province. 60
La Mère de la Garde. 60
Une Femme qui a une jambe de bois. 60
Mauricette. 60
Une Semaine à Londres. 60
Le Cauchemar de son propriétaire. 60
Le Marquis de Carabas. 60
La Ligue des Amants. 60
Les Sept Billets. 60
Passe-temps de Duchesse. 60
Les Cascades de Saint-Cloud. 60
Lorettes et Aristos. 60
Les Compatriotes. 60
Un Tigre du Bengale. 60
Le Congrès de la Paix. 60
Les Représentants en vacances. 60
Les Grands Écoliers en vacances. 60
Un Monsieur comme il y en a tant! 60
[illegible] 60
Le Moulin Joli. 60
La Rue de l'Homme-Armé. 60
La Fée aux Roses. 1 »
Babel. 60
Un Lièvre en sevrage. 60
Exulyne. 60
Tanneau. 60
Mademoiselle Carillon. 60
L'Héritier du Czar. 60
Rhum. 60
Les Associés. 60
Les Fredaines de Troussard. 60
Les Partageux. 60
Daphnis et Chloé. 60
Malvarèche. 60
La fin d'une République. 60
La Croix de Saint-Jacques. 60
Paris sans impôts. 60
Un Quinze-Vingt. 60
Les Gardes françaises. 60
Les Vignes du Seigneur. 60
La Perle des Servantes. 60
Un ami malheureux. 60
Un de perdu, un de retrouvé. 60
La République des Lettres. 60
Figaro en prison. 60
La Dame de Trèfle. 60
Le Vert-Galant. 60
Les Secrets du Diable. 60
Deux vieux Papillons. 60
La Mariée de Poissy. 60
L'Homme aux Souris. 60
Le Baiser de l'Étrier. 60
Planète et Satellites. 60
Héloïse et Abailard. 60
Une Veuve inconsolable. 60
À la Bastille. 1 »
Jean Bart. 60
Les Papillotes de dame Charlotte. 60
Le Jour de Charité. 60
Un Fantôme. 60
Les Nains du Roi. 60

[illegible] DU [illegible]OGUE [illegible]

Les trois Bacan. [illegible]

Les premières Chaînes de [illegible]

Méphistophélès. [illegible]

Un Roi au camp de [illegible]

[illegible]

Les Palais de Cristal. [illegible]

Le Duel au [illegible]

Les Trois Âges des Variétés. [illegible]

[illegible]

Les Chasse aux Orientales. [illegible]

[illegible]

La Barbe-Bleue. [illegible]

La Queue Rouge. [illegible]

[illegible]

Gardez-vous de la [illegible]

Le Roi des Drôles. [illegible]

[illegible]

Les Voyage dans [illegible]

Les Orientales. [illegible]

La Vie à bon marché. [illegible]

[illegible]

Les Aides de [illegible]

[illegible]

Les Conteurs. [illegible]

L'Antichambre [illegible]

[illegible]

L'Automne d'un [illegible]

[illegible]

Les Deux [illegible]

Le Diable. [illegible]

Les Exploits de [illegible]

Ah! quel plaisir [illegible]

M. Beaubuisson. [illegible]

L'Habit d'un Homme [illegible]

[illegible]

Un Monsieur [illegible]

La Sarabande du [illegible]

Un Vers de Virgile. [illegible]

L'Orgue de Barbarie. [illegible]

Le Lac. [illegible]

Le Bureau des Objets perdus. [illegible]

Les Dames Capitaines. [illegible]

L'Invitation à [illegible]

La Villa des Amours. [illegible]

Le Pot de Fer et le Pot de Terre. [illegible]

Au Clair de la Lune. [illegible]

L'Amour et Psyché. [illegible]

[illegible]

Le Chapeau [illegible]

À qui le [illegible]

Les Amoureux de [illegible]

[illegible] est [illegible]

Le Hanneton du [illegible]

Mademoiselle [illegible]

[illegible] d'Italie. [illegible]

Les Talismans [illegible]

[illegible]

Mademoiselle Chou[illegible]

Un [illegible] de poste. [illegible]

[illegible]

Monsieur [illegible]

M. et Madame [illegible]

La [illegible] de Jacques [illegible]

L'Autographe. [illegible]

Faust et [illegible]

En revenant de Pontoise. [illegible]

Fradiavolino.

Le Royaume du Poète. [illegible]

Les Premières Armes de Jan la Tulipe.

Les Souliers du Poète.

Le Pays des Échasses.

Le Poème de Claude. [illegible]

Le Banquet des Barbares. [illegible]

[illegible] de la victoire. [illegible]

Voyage [illegible] de [illegible]

[illegible]

La Pagode. [illegible]

Le Soufflet de l'Amour. [illegible]

Yvonne.

[illegible]

Lagny. — Typographie de [illegible]